Directores

Julie Murray

Abdo Kids Junior es una
subdivisión de Abdo Kids
abdobooks.com

abdobooks.com

Published by Abdo Kids, a division of ABDO, P.O. Box 398166, Minneapolis, Minnesota 55439.

Abdo Kids Junior™ is a trademark and logo of Abdo Kids.

Printed in the United States of America, North Mankato, Minnesota.

102018

012019

Spanish Translator: Maria Puchol

Photo Credits: iStock, Shutterstock

Production Contributors: Teddy Borth, Jennie Forsberg, Grace Hansen

Design Contributors: Christina Doffing, Candice Keimig, Dorothy Toth

Library of Congress Control Number: 2018953847

Publisher's Cataloging-in-Publication Data

Names: Murray, Julie, author.

Title: Directores / by Julie Murray.

Other title: Principals

Description: Minneapolis, Minnesota : Abdo Kids, 2019 | Series: Trabajos en mi comunidad | Includes online resources and index.

Identifiers: ISBN 9781532183706 (lib. bdg.) | ISBN 9781641857123 (pbk.) | ISBN 9781532184789 (ebook)

Subjects: LCSH: School principals--Juvenile literature. | Teachers and community--Juvenile literature. | Occupations--Careers--Jobs--Juvenile literature. | Community life--Juvenile literature. | Spanish language materials--Juvenile literature.

Classification: DDC 371.2012--dc23

Contenido

Directores

Lou es un director. Trabaja para una escuela.

Los directores tienen muchos trabajos. Jane ayuda a los estudiantes a tomar el autobús.

Son **líderes** en la escuela.

Evan saluda a todos.

Trabajan con los maestros.

2M Going Home Arrangements
P SCALES
Reading Records 1EE

Trabajan con los padres.

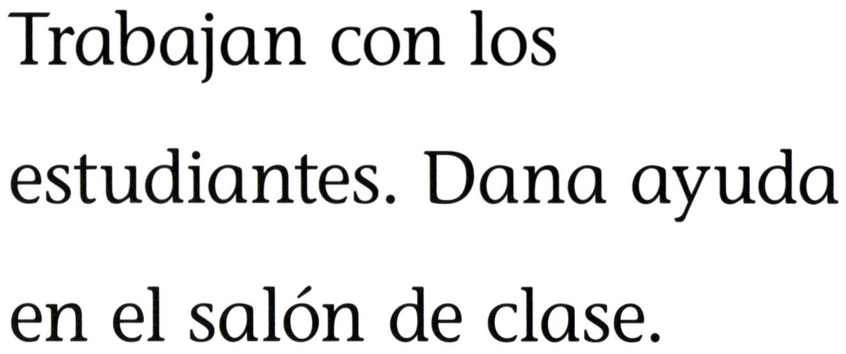

Trabajan con los estudiantes. Dana ayuda en el salón de clase.

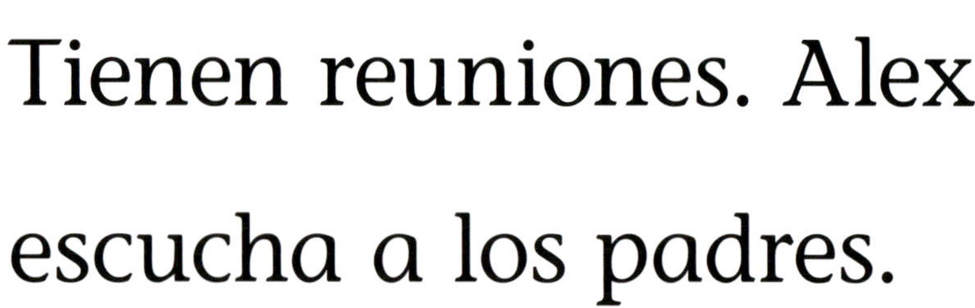

Tienen reuniones. Alex escucha a los padres.

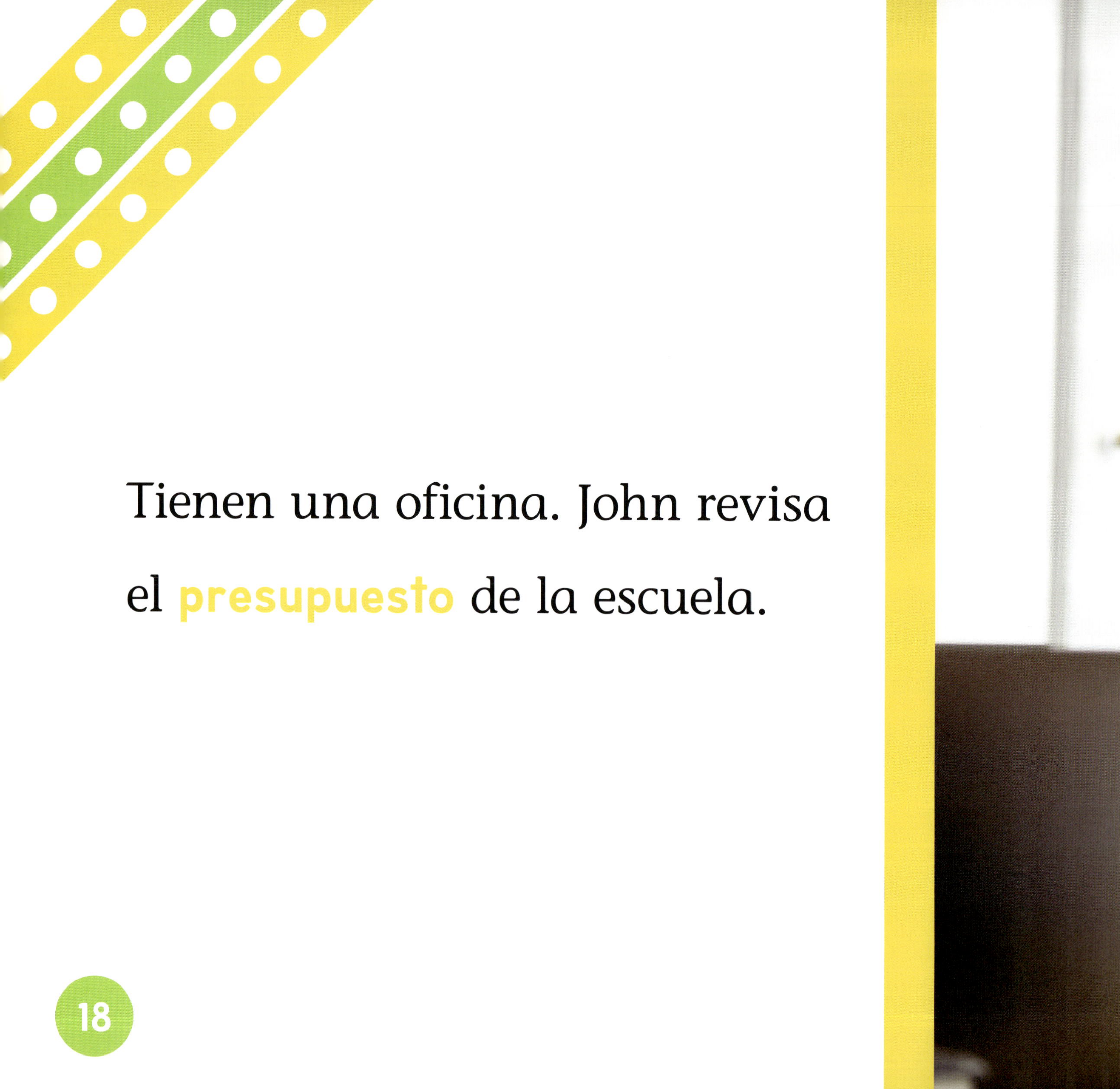

Tienen una oficina. John revisa el **presupuesto** de la escuela.

Kate **disfruta** siendo la directora.

Los materiales de un director

una calculadora para
los presupuestos

una computadora

las llaves

¡una escuela!

Glosario

disfrutar
encontrar placer en algo.

líder
persona que toma decisiones importantes y ayuda a liderar un grupo.

presupuesto
plan de cuánto dinero se generará y gastará durante cierto periodo de tiempo.

Índice

¡Visita nuestra página **abdokids.com** y usa este código para tener acceso a juegos, manualidades, videos y mucho más!